Der Schafslöwe

Herzlichen Dank an Sukadev Bretz,
der mir dieses Buch ermöglichte.

Titel der Originalausgabe: „Yoga Geschichten"
nacherzählt von Sukadev Volker Bretz,
ISBN 978-3-931854-50-8, Yoga Vidya Verlag. 3. Auflage 2009.

Copyright dieser deutschen Ausgabe 2009: Yoga Vidya Verlag,
Yoga Vidya GmbH, Wällenweg 42, D-32805 Horn-Bad Meinberg,
ISBN 978-3-931854-73-7

1. Ausgabe 2009, Auflage: 1000.
Herausgegeben vom Berufsverband der Yoga Vidya Lehrer/innen e.V.
Weitere Exemplare zu beziehen bei: Yoga Vidya GmbH,
Wällenweg 42, D-32805 Horn-Bad Meinberg,
Tel. 05234/87-2209, Fax -2225,
E-mail: shop@yoga-vidya.de, Internet: www.yoga-vidya.de

Der Schafslöwe

Yoga Vidya Verlag

Gewidmet Mika und Mina

Ein Märchen für Kinder
nach der Geschichte „Der Schafslöwe"
aus dem Buch „Yoga Geschichten"
nacherzählt von Sukadev Volker Bretz

Text von Jnaneshwari Leonhardt
Illustrationen von Vera Berg

Es war einmal eine Löwin.

Sie hatte gerade ein kleines Löwenbaby
auf die Welt gebracht
und streichelte es liebevoll
mit ihren Pfoten.

So verbrachten sie
den ersten gemeinsamen Tag
gemütlich unter einem großen alten Baum,
der ihnen Schatten spendete.

Dann wurde es Abend.
Die Löwenmama nahm ihr Löwenbaby
und trug es zu einer Höhle.
Der kleine Löwe gähnte
und streckte sich noch einmal.
Dann schlief er in den Armen
der Löwenmama ein.

Sie streichelte
zärtlich über das Gesicht
des Löwenbabys und dachte:

Wie schön es doch ist.

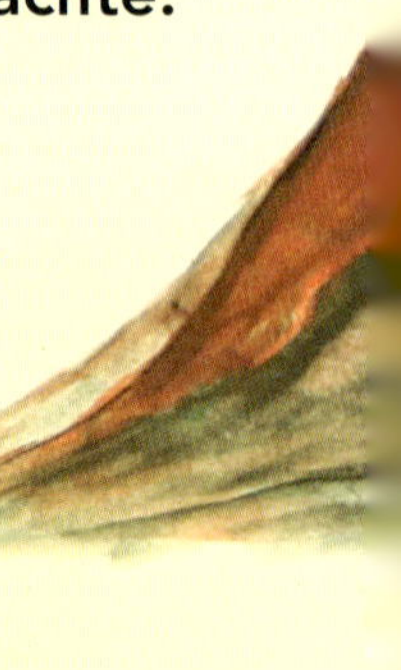

Plötzlich bemerkte die Löwenmama,
dass sie großen Hunger hatte.

Draußen war es schon dunkel.
Der Mond schien,
die Sterne leuchteten am Himmel.
Sie gab dem kleinen Löwen
noch einen Kuss
und machte sich auf den Weg,
um ihren Hunger zu stillen.

Am Höhleneingang
schaute sie sich
noch einmal um

**und ging dann
in die Nacht hinaus.**

Sie durchstreifte
einen kleinen Wald,
kam an einem See vorbei,
wo sie etwas Wasser trank
und lief dann weiter.

Die Löwenmama
wollte sich beeilen,
um noch vor
dem Aufwachen
ihres kleinen Babys

zurück zu sein.

Der Wald lichtete sich.

Vor ihr tat sich eine steile Felswand auf.
Sie kletterte hinauf, in der Hoffnung,
dass sie von hoch oben etwas zu Essen erspähen konnte.
Plötzlich trat sie auf einen Stein und rutschte ab.
Die Löwenmama klammerte sich an der Felswand fest.
Sie versuchte, wieder nach oben zu klettern.
Doch ihre Kraft ließ nach. Sie fiel vom Felsen
und wurde von den Ästen einen Baumes aufgefangen.

Der Baum, aufgerüttelt aus seinem Schlaf, fragte ärgerlich:
„Wer stört meine Nachtruhe?"
Die Löwenmama fiel, noch bevor sie antworten konnte,
auf den Boden, denn der Baum streckte und reckte sich
und gähnte dabei ganz laut.

Sie schimpfte mit dem Baum:
„Sieh, was du angerichtet hast. Au, mein Fuß tut so weh.
Ich kann nicht mehr aufstehen."
Der Baum schaute neugierig zu ihr herunter.

„Entschuldige, aber du hast mich aus meinem Schlaf gerissen. **Und wenn meine Äste dich nicht aufgefangen hätten,** dann hättest du dich sicherlich mehr verletzt."

„Wie soll ich jetzt nur zu
meinem Löwenbaby kommen?",
fragte sich die Löwenmama.

Da sie nichts tun konnte,
blieb sie unter dem Baum sitzen.
Sie machte die Augen zu
und schaute ganz tief
in ihr Herz hinein.

Das Löwenbaby
war inzwischen wach geworden
und suchte seine Mama in der Höhle.
Es rief laut nach ihr: „Mama, Mama."
Doch eine Antwort bekam
das Löwenbaby nicht.
Da lief es zum Höhleneingang,
setze sich nieder, Tränen flossen
über das Gesicht. Und wieder
konnte man das Löwenbaby hören,

wie es Mama rief.

Da wurde der Mond auf das
weinende Löwenbaby aufmerksam.
Er beugte sich sanft vom Himmel herunter
und schaute das Löwenbaby an:
„Warum weinst du so sehr?
Kann ich dir helfen?", fragte der Mond.
„Meine Mama ist nicht nach Hause gekommen",
schluchzte das Löwenbaby.
„Oh", sagte der Mond, „Weißt du denn nicht,
dass Löwen Nachts auf die Jagd gehen?
Deine Mama sucht bestimmt etwas zu essen
und wird bald wieder bei dir sein."
Der Mond streichelte sanft
das Gesicht des kleinen Löwen.
Er lächelte ihm liebevoll zu und sagte:
„Komm kleiner Löwe, leg dich in meinen Armen
schlafen. Ich werde dich wecken,
wenn deine Mama wieder da ist."

Und so legte sich das Löwenbaby
in die Arme des Mondes.
Alle Sterne kamen ganz nah zusammen,
um für das Löwenbaby zu singen.
Unter dem lieblichen Gesang der Sterne
schlief der kleine Löwe ein und träumte von seiner Mama.

Am nächsten Morgen mit den ersten Sonnenstrahlen
wachte das Löwenbaby auf
und fand sich in der Höhle wieder.
Der Mond war schlafen gegangen.
Vorher bat er die Sonne, am Tage
gut auf das Löwenbaby aufzupassen.

Die Sonne brachte Licht in die Höhle
und wärmte das Löwenbaby mit ihren Strahlen.
Es schaute sich in der Höhle um,
aber seine Mama war nicht da.

Da hielt es der kleine Löwe
nicht länger aus und
machte sich auf den Weg,
um nach seiner Mama
zu suchen.

Er durchstreifte den Wald
und kam an einem See vorbei.
Der kleine Löwe trat vorsichtig an das Wasser,
hielt seine Zunge hinein und genoss die Kühle des Wassers.
Auf dem Wasser tanzten zwei Schmetterlinge.

**Da sah man das Löwenbaby
zum ersten Mal an diesem Tage lächeln.**

Es fasste sich ein Herz und fragte die Schmetterlinge:
„Entschuldigt bitte, habt ihr meine Mama gesehen?"
Sie hielten in ihrem Spiel inne, kamen etwas näher:
„Nein, leider nicht", antwortete der eine Schmetterling
mit den leuchtenden blauen Flügeln.

Die kleinen Falter widmeten sich wieder ihrem Spiel.
Das Löwenbaby wünschte beiden noch einen schönen Tag
und machte sich wieder auf den Weg.

Der Weg führte das Löwenbaby
auch an dem Felsen vorbei.
Es nahm alle Kraft zusammen
und kletterte die Felswand hinauf.
„Vielleicht kann ich ja von ganz oben
meine Mama sehen",
dachte sich der kleine Löwe.
Er schaffte es bis ganz auf die Felsenspitze
und schaute in alle Richtungen. Keine Mama.

Da kam ein Adler angeflogen.
Der kleine Löwe rief ihm zu:
„Hast du meine Mama gesehen?"
Der Adler kam näher, landete
neben dem Löwenbaby auf dem Felsen
und schüttelte den Kopf:
„Nein, habe ich nicht", kreischte er.
Er hörte sich die Geschichte
des kleinen Löwen aufmerksam an
und sprach dann: „Wenn du willst,
kann ich dich ein Stück mitnehmen.

Vom Himmel aus hat man einen guten Überblick

und vielleicht haben wir Glück
und finden deine Mama."

Der kleine Löwe nickte.
Der Adler packte den Löwen
mit seinem Schnabel und setzte ihn
behutsam auf seine Schultern.
„Halt dich gut fest",
sagte der Adler.

Der Adler breitete seine Flügel aus
und sie flogen hinauf in die Lüfte.
Der Wind streichelte sanft
das Fell des Löwenbabys.
Die Sonne strahlte am Himmel
und es schien, als würde sie
jeden Winkel der Erde
mit ihren Strahlen erhellen.

**Das Löwenbaby lächelte
zum zweiten Mal an diesem Tage
aus vollem Herzen.**

Doch seine Mama fand er nicht.

Nach einer Weile wurde der Adler müde und landete auf einem kleinen Berg nahe einer Lichtung. „Tut mir leid, dass ich dir nicht helfen konnte. Ich muss mich jetzt etwas ausruhen", sagte der Adler. Er hatte schon ein hohes Alter erreicht.

Da es spät am Nachmittag war und die Sonne sich langsam am Horizont senkte, wollte das Löwenbaby keine Zeit verlieren. Es bedankte sich bei dem Adler und setzte die Suche fort.

Der Weg führte das Löwenbaby
direkt zu der Lichtung,
die es vom Berg aus gesehen hatte.
Da hörte der kleine Löwe in der Nähe ein:

„Mäh, Mäh, Mäh."

Er ging den Lauten nach und sah, wie zwei Schafe
unter einem Baum miteinander spielten.
Tränen flossen über das Gesicht des kleinen Löwen,
da er sich an den einzigen Tag erinnerte,
wo er mit seiner Mama unter einem Baum gespielt hatte.

Eine Schäfin wurde auf das Löwenbaby aufmerksam.
„Warum weinst du?", fragte sie.
Der kleine Löwe erzählte seine Geschichte.
Die Schäfin hatte Mitgefühl.
Und da sie selbst keine Kinder hatte,
nahm sie sich des Löwenjungen an und sprach:
„Bis deine Mama zurück kommt,
lass mich für dich sorgen."

Zögerlich ging das Löwenbaby mit,
aber auch froh, in der Nacht

nicht alleine zu sein.

So wurde es allen anderen Schafen
vorgestellt und in die Schafsherde
aufgenommen. In der Herde gab es auch
viele kleine und größere Schafskinder,
die sich alle um den neuen
Schafslöwen drängelten.

Die Tage vergingen.

Es gab viel zu entdecken
mit seinen neuen Freunden.
Die Schafsmama kümmerte sich
mit viel Liebe um den kleinen Schafslöwen.

Er dachte bald nur noch ab und zu an seine Mama.
Die Tage waren gefüllt mit dem Erlernen, ein Schaf zu sein.
Die Schafe zeigten ihm, wie und was ein Schaf essen sollte.
Er lernte zu blöken wie ein Schaf
und wegzurennen, wenn Gefahr drohte.

Aber manchmal,
vor allem in der Stille,
wenn er die Sterne beobachtete,
mit den Sonnenstrahlen spielte,
wenn er dem Wind lauschte
und den Blättern zuschaute,
wie sie sich sanft im Takte
des Windes bewegten,
da war es, als würde etwas
durch den kleinen Schafslöwen
hindurch scheinen,
was sich fragte,

ob es da nicht noch mehr gab.

Eines Tages kam der König der Tiere,

ein großer starker Löwe, aus den Bergen herunter.
Seine goldene Mähne strahlte wie die Sonne selbst.
Seine Augen leuchteten.

Er erspähte die Schafsherde und ging zielgerichtet auf sie zu.
Als die Schafe ihn witterten, blökten sie in panischer Angst
und versuchten, in alle Richtungen zu fliehen.
Der Löwe sprang mitten unter die Schafsherde
und hielt verwundert inne.
Er traute seinen Augen nicht,
schloss sie, um sie
gleich darauf
wieder
 zu öffnen.

Er wurde gewahr, dass inmitten der Schafe
ein kleines Tier war, das aussah wie ein Löwe,
sich aber verhielt wie ein Schaf.

Er vergaß seinen Hunger

und interessierte sich nur noch
für den Schafslöwen.

Der kleine Schafslöwe lief so schnell er konnte.
Doch der Löwe holte ihn ein, packte ihn im Nacken
und schüttelte ihn. Der Schafslöwe war gelähmt vor Angst.

„Was machst du hier?", knurrte ihn der Löwe an.
„Mäh, Mäh, Mäh, ich bin nur ein kleines junges Schaf,
bitte tu mir nichts. Lass mich zu meiner Mama, Mäh, Mäh, Mäh."
Der kleine Schafslöwe hatte vergessen, wer er eigentlich war.
„Was redest du da für einen Unsinn? Wo ist denn deine Mama?"
Der kleine Schafslöwe zeigte zu der davonrennenden Herde.
„Da läuft sie, mäh, mäh, mäh, bitte lass mich los. Bitte tu mir nichts."

Der König der Tiere setzte den kleinen Schafslöwen
sanft vor sich auf den Boden, hielt ihn aber noch
mit einer Pranke fest, damit er nicht weglaufen konnte.
Der große Löwe fragte noch einmal:
„Was suchst du hier unter den Schafen?"
Und mit einem liebevollen Blick schaute er
den Schafslöwen an und sprach:
„Du, der Sohn des Königs und der Königin der Tiere?"

„Mäh, Mäh, Mäh, ich habe Angst."

Der kleine Schafslöwe fing an zu weinen.
Mit einer sanften Stimme sagte der Löwe:
„Hör auf zu blöken wie ein Schaf.
Du bist kein Schaf, du bist ein Löwe wie ich."
Der kleine Schafslöwe schrie in Verzweiflung:
„Nein, nein, ich bin ein kleines Schaf.
Bitte lass mich jetzt los, damit ich
wieder zu meiner Mama kann.
Sie macht sich bestimmt große Sorgen."

Der Löwe überlegte. Wie konnte er dem Schafslöwen beibringen,

wer er wirklich ist?

Ihm kam eine Idee.
Er packte den kleinen Schafslöwen
erneut am Schlafittchen
und trug ihn zu einem
nahe gelegenem See.
Er hielt ihn über das Wasser:
„Was siehst du?"

„Ich sehe überhaupt nichts,
mäh, mäh, mäh."
„Mach deine Augen auf!"
„Ich kann noch immer nichts sehen."
Der große Löwe sprach:
„Schnauf nicht so,
das macht zu viele Wellen,
so kannst du ja gar nichts sehen!"

„Schließe die Augen,
sei ganz still,
atme langsam ein und aus,
lausche in dich hinein.
Jetzt öffne die Augen wieder!
Was siehst du?"

„Ich…, ich sehe dich zweimal!"
„Bewege deinen Kopf
nach links und nach rechts.
Hebe den linken Arm,
dann den rechten Arm!
Was siehst du?", fragte
der große Löwe erneut.
„Ein Löwe bewegt sich,
der andere nicht."

„Also?"

Der kleine Schafslöwe
schaute den großen Löwen an.
Dann schaute er wieder ins Wasser.
Er bewegte sich etwas.
Legte den Kopf zur Seite, hob die Pfote,
schaute erneut zum großen Löwen.
Jetzt sah er, dass das andere Spiegelbild
im Wasser größer war
als sein eigenes.

Der große Löwe
wartete geduldig.

Allmählich spürte er seine innere Stärke.

Ich bin ein Löwe
Ich bin stark.
Ich bin mutig.
Ich bin frei.
Und er brüllte so laut wie nur ein Löwe brüllen kann:

„Ich bin ein Löwe."

Da öffnete der große Löwe seine Arme
und der kleine Löwe sprang hinein.

Beide lachten und umarmten sich.

Der große Löwe warf den kleinen Löwen
hoch in die Luft, um ihn dann
liebevoll wieder aufzufangen.

Und beide brüllten aus vollem Halse,
dass man es bis in die höchsten Gipfel
der Berge hören konnte.

Wenn man ganz genau hinhörte,
erkannte man im Brüllen der Löwen den Klang

Om

Kannst du auch ganz laut Om brüllen?
So laut wie ein Löwe?

Von nun an lernte der kleine Löwe von dem großen Löwen.
Eines Tages sprach der König der Löwen:
„Es wäre doch sehr schön, wenn wir
ein Krankenhaus aufbauen würden

für alle Tiere des Waldes.

So könnte jedes Tier, zu jeder Zeit,
wenn es krank ist, zu uns kommen."

Für den Aufbau des Krankenhauses
wurden viele Helfer gesucht.
Die Löwen wollten ein großes Fest
mit Musik, Tanz und Essen geben,
so dass alle Tiere des Waldes davon erfuhren.
Der junge Löwe half den ganzen Tag
und die ganze Nacht bei der Arbeit.
Das Fest war ein großer Erfolg,
viele Tiere aus aller Welt trafen ein,
um ihre Hilfe anzubieten.
Es wurde viel gesungen,
getanzt und gelacht.

Am frühen Morgen,
als die meisten Tiere schliefen
oder schon zu Hause waren,
wollte sich der junge Löwe
auch schlafen legen.
Er suchte sich einen Platz,
wo er sich etwas ausruhen konnte.
Er kam an einem alten Löwen vorbei.
Der alte Löwe war gerade dabei,
die vielen Instrumente abzudecken,
auf denen die ganze Nacht gespielt wurde.

Da fielen dem jungen Löwen
einige Decken vor die Füße.
Doch er ging weiter, daran denkend,
dass er schon den ganzen Tag
und die ganze Nacht gearbeitet hatte,
ohne einen Moment des Schlafens.
Dieser Löwe wird es schon alleine schaffen.
So ging er achtlos weiter.
Der König der Löwen beobachtete alles.
Der junge Löwe schaute noch einmal zurück.

Da sah er den König der Löwen
neben einem Baum stehen. Dieser
drehte sich um und ging.

Der junge Löwe erkannte seinen Fehler und versank
vor Scham in den Boden. „Warum habe ich
dem alten Löwen nicht geholfen?", sprach er zu sich.

Plötzlich fühlte er eine Hand auf seiner Schulter.
Es war der König der Löwen, er lächelte
dem jungen Löwen liebevoll zu und sprach:

„Du kannst ihm noch helfen."

Sofort ging der junge Löwe zurück und half dem alten Löwen.
Gemeinsam packten sie die Instrumente ein.
Die großen Instrumente wurden mit einer Decke geschützt.
Die ganze Arbeit war in wenigen Minuten getan.
Der alte Löwe, der selbst so müde war,
dass er kaum noch aus den Augen schauen konnte,
war so dankbar, dass es das Herz
des jungen Löwen berührte.

Als sich die Löwen schlafen legten, schliefen beide, gar nicht mehr so müde, ein

sondern glücklich und mit einem warmen Herzen.

Seit diesem Erlebnis
nutzte der junge Löwe
jede Gelegenheit, mit Freude
einem anderen Lebewesen zu helfen.

**Er versuchte in jedem Wesen
das Gute zu sehen.**

Er lernte alle Aufgaben, die das Leben ihm stellte,
mit Liebe, Achtsamkeit und großem Eifer auszuführen.
So gut wie er es eben konnte.

So wurde aus dem kleinen Löwen
ein mitfühlender, mutiger,
gerechter und starker Löwe,
der jedem Lebewesen
mit Liebe begegnete.

Eines Tages rief ihn
der große Löwe zu sich.
Sie setzten sich unter einen Baum.
Dann wurden beide ganz still.
Und plötzlich fühlte der junge Löwe
eine zärtliche Berührung auf seinem Gesicht.
Er öffnete die Augen
und vor ihm stand seine Mama.
Sie lächelte ihn liebevoll an.

Oh, war sie schön.

Der junge Löwe fand keine Worte.
Sie nahm ihn in ihre Arme,
umhüllte den jungen Löwen mit ihrer Liebe.
Dann sagte sie: „Nicht dass du mir
noch einmal verloren gehst!"
Er aber versank immer tiefer in ihre Arme
und vergaß dabei alles um sich herum.
Nur noch Mama war alles,
was er denken konnte.

**Es wurde ganz still.
Er versank im ewigen Glück.**

So wie dem kleinen Löwen geht es auch uns Menschen. Wir denken, wir haben etwas verloren, suchen das Glück, die Stille in äußeren Dingen und verlieren uns nach und nach in der Welt. Wir denken häufig, dass wir klein und schwach sind, nichts bewirken können und haben vor allem Möglichen Angst und Bedenken. Bis wir dann eines Tages aufwachen und uns fragen: Ob es da nicht noch mehr gibt?

Durch die Gnade Gottes wird ein Meister in unser Leben treten und uns sagen: „Deine wahre Natur ist Sat - Chid - Ananda, reines Sein - Wissen und Glückseligkeit. Ich habe es verwirklicht und du kannst es auch." Mühsam überzeugt er uns und zeigt uns den Weg, nach innen zu schauen, um dort die Freude, die Glückseligkeit zu suchen. Und fordert uns auf: „Sei mitfühlend, sei mutig, sei stark. Blöke nicht wie ein Schaf, sondern brülle Om, Om, Om wie ein Löwe des Vedanta. Hab keine Angst, gib, was du hast, mit Liebe und du wirst niemals leer werden. Manchmal hilft schon ein Lächeln, das du schenkst, einem traurigen Menschen.

Erkenne, wir sind alle das eine Selbst. Du bist mit allem eins. Es gibt nichts anderes als das eine Selbst. Was du glaubst, verloren zu haben, bist wahrhaftig du. Werde vollkommen!"

Brahma Vidya Hilfswerk e.V.

Ein Brückenschlag von West nach Ost

zur finanziellen Unterstützung indischer Hilfsorganisationen. Momentan helfen wir besonders dem von Swami Nityananda gegründeten Sivananda Vidya Bhavan in Delhi. Ein Teil der Spenden kommt außerdem dem Krankenhaus für Bedürftige im Sivananda Ashram in Rishikesh und den drei Leprakolonien, welche vom Ashram unterstützt werden, zugute. Der Verein wird zu 100% ehrenamtlich verwaltet, so dass sich die Verwaltungskosten auf ein Minimum beschränken und der Großteil der Spenden direkt an die Projekte geht. Swami Nityananda hat umfangreiche soziale Werke ins Leben gerufen, darunter eine Armenschule mit 1000 Kindern in den Slums von Delhi, in der Kinder verschiedene Abschlüsse absolvieren können, außerdem mobile Augencamps (3-4 Mal im Jahr), eine Tagesstätte und Kindergarten sowie die „Foundation for Religious Harmony", in der Vertreter der verschiedensten Religionsgemeinschaften zueinanderfinden.

Auf Wunsch der Autorin und der Illustratorin kommt ein Teil des Erlöses dieses Buch dem Brahma Vidya Hilfswerk e.V. zugute.

Brahma Vidya Hilfswerk e.V.
Gut Hoffnungstal
57641 Oberlahr
Tel. 02685/8002-0 · Fax -20
hilfswerk@yoga-vidya.de
www.brahma-vidya.de

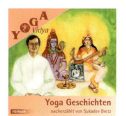

„Yoga Geschichten" Buch und Hörbuch-CD

Geschichten und Märchen faszinieren die Menschen seit alters her und waren immer schon ein wichtiges didaktisches Hilfsmittel. Deshalb gibt es auch in allen Kulturen und Traditionen eine Vielzahl von mythologischen Geschichten, unterhaltsam, rätselhaft, oft mit vielen Verwicklungen, aber durchaus nicht immer mit einem „Happy-End", mit unerwarteten Wendungen, tiefgründig und voll vielschichtiger Weisheit und tiefer spiritueller Bedeutung. Die Geschichten in diesem Buch stammen aus klassischen indischen Schriften wie dem Mahabharata, dem Ramayana, den Puranas und den Upanishaden und werden vom Autor Sukadev Volker Bretz nacherzählt, wie er sie von seinem Meister, Swami Vishnu-Devananda gehört hat. Autor: Sukadev Bretz.

Buch Paperback, 88 Seiten.   6,80 €   ISBN 978-3-931854-50-8
Hörbuch-Doppel-CD   14,80 €   ISBN 978-3-931854-64-7-67-6